Desamor y Memorias de una Virgo
(Heartbreak and Memories of a Virgo)

by
Natalia M. Villarán Quiñones

1

Cover illustrated by Jihan Thomas

Black Minds Publishing is a national publications platform centered around the personal and professional growth of artists and creatives of the Black diaspora. At Black Minds Publishing we aim to give more visibility to raw artistic works, both literary and visual, that center on the healing process of the Black mind, body and spirit. We aren't concerned with the rigid expectations of aca- demia or the "supposed to's" of artistic gate-keepers and instead choose to prioritize genuine works that have meaningful impact for its readers.

Name: Natalia Villarán Quiñones

Title: Desamor y Memorias de una Virgo/Heartbreak and Memories of a Virgo

Description: Philadelphia, PA: Black Minds Publishing [2022]

Identifiers: 978-1-7375490-2-4

BLACK MINDS

P U B L I S H I N G

Dedicatoria

A mi madre María, mi hermana Ana, Mami (RIP) y mis eternos amores
Sharon, Mila y Joythief.
A la Villas de RG C-19, les debo más que estas páginas.

Table of Contents

Relato: amnesia consciente

Hoy me encuentro a la merced de estas líneas.
Cada vez que trato de zafarme de las comas,
las comillas
y los puntos suspensivos siento como mis dedos se inmovilizan.
Entre paréntesis continúo mi relato
(donde pretendo hacerles entender que, por más cuerda que
parezca, se me deshace entre las manos el hilo del tiempo)
Que no les quepa la más mínima duda de lo antes expuesto,
porque independientemente de lo mecánico de mi actuación a diario,
cuando despierto del enajenamiento corporativo se me activa la crisis
existencial inexistente ante lo cautelosa que puedo tratar de ser
para no llamar la atención de los miles de espectadores que me rodean.
Que me acorrala un estado permanente de catatonia,
donde los otros se alimentan
de los pocos sapientes
que se escabullen
bajo el radar de los "no se puede,
no inventes que no vas,
ahora no,
trata después,
que tal si mañana..."
No me queda mucho tiempo, es todo, es solo eso.

La construcción de tiempo y espacio,
por más absurda que parezca,
es el motor de la constante, la incertidumbre que nos deshace las costuras.
Las calles se encuentran infestadas de parásitos
en busca del momento perfecto pa' chuparte las ganas.
Las calles no dan abasto para la cantidad de plagas
que cada mañana se disponen a inundar la urbe.
En mis costillas ya no caben más absurdos.
Ni el deseo de malinterpretar posibilidades,
inciertos y malas costumbres que dejamos a los pies
de nuestras camas…
"Dejad de darle vueltas al asuntillo nena, olvídese de eso
y póngase a parir par de chamacos."

Locura

Cuando ya no es más que una simple memoria
de una memoria que vagamente recuerdas.
Que los por qué,
los no sé,
los cuándo,
los cómo,
los dónde
y los tal vez se vuelven un sí,
que no sabes cómo dijiste la primera vez,
y que se ha vuelto algo repetitivo
y no sabes cómo parar,
no sabes dónde parar
y no sabes si debes o si puedes parar.

Cuando consumes todo lo que piensas,
cada sílaba que emite tu cansada boca,
cada gemido que genera tu garganta,
cada vez que las puntas de tus dedos se pierden en tiempo y espacio,
y divagan entre nociones de tu realidad y la realidad que continúas
creando entre dormida y despierta,
que converge con el sinfín de universos paralelos que existen en tus ojos...
Si de leerlo nada más me canso,
de pensarlo nada más me agoto,
de tenerlo nada más me quedan las ganas...
Las que le tengo,
las que tengo,
las que hay cada vez que se respira el mismo aire
y que se comparte una mirada,
un roce, un por qué, te quiero tanto y, te amo.
Cada vez que oscurece y la luna sale a dar las buenas noches
se derraman más deseos sin sentido,
sin razón de existir, sin consciencia, sin ciencia alguna o pertinencia.
Pero están,
existen,
y se deslizan entre los rincones donde dejamos abandonados
los recuerdos.

Se han convertido en ansiedad, desespero y espero.
Sólo queda esperar, como siempre, desde siempre
haciendo cada segundo de estas ganas más
pesado, cargado, incierto, inconcluso e infinito.
Ya no me gusta hablar de inciertos e inconclusos.
Y una eternidad de espera me parece injusta.
Aunque te ame.

Noches de desvelo

Salvo uno que otro tropezón, siempre mantengo el paso firme.
Confío que mis rodillas no me fallarán.
Que mis pies me llevarán por el camino correcto,
sin prisa.
Que las piedras que encuentre,
de momento,
no serán las que detengan mi andanza,
y que estos ojos siempre se mantendrán enfocados en su cometido.
Salvo uno que otro tropezón,
con nombre y apellidos,
continúo con mi paso firme.
No he de temer a la sed que me consume de momento,
pues llegaré a un claro manantial donde la he de saciar.

No creeré en los falsos anuncios de atajos,
pues en el camino que voy las aventuras florecerán y
mantendrán mi mente ocupada, el tiempo será relativo.

No le cederé el control a la razón,
pues muchas veces sus posibles opciones parecen secas y vacías,
ni cederé al corazón,
ya que las emociones me pueden cegar
y perdería la cordura entre mis deseos y la realidad.
Entre ese uno que otro tropezón, estás tú.
Mis rodillas perdieron su fuerza,
mis pies se desviaron del camino,
la piedra hirió mis pies,
mis ojos se cegaron y moría de sed,
tus palabras llamaron mi atención y perdí la razón…
El corazón se llenó de emociones y reventó.
He perdido la cordura,
y solo deseo una inexistente realidad.

Cuerpas sin almas que divagan sábados de madrugada. (Una diminuta descarga)

Me he resignado a recoger las migajas que me dejas en cada cambio de estación.

No niego que me drenatratar de reconstruir el pedazo de lo que sea que esta vez destrozaste para
alimentarte.
A ciegas cuento cada trozo, tal vez con la esperanza (o ignorancia) de que represente cada letra.
que de tu boca sale (o tus manos escriben) para mí.
Me provoca(s) náuseas.
Es como la tercera, cuarta, quinta vez (ya ni se, perdí la cuenta) que me entretengo y desvió mis
planes iniciales porque tu atracción gravitacional de una manera u otra termina llevándome hacia
ti.
Es un juego que aprendimos hace unos años atrás, y que decides continuar de vez en cuando, cuando tu vida te aburre lo suficiente
y es necesario envenenar la psiquis de otro. Espero que te haya satisfecho el resultado de este último encuentro.
Que el boquete haya expandido un poco más sus paredes, lo suficiente como para que quepa tu
ego y el alma que careces.
Ya no arrastro con esta carga.

Tangente

Quiero escribirle versos a eso que no eres y tal vez nunca serás.
Lo que susurras por las noches antes de cerrar los ojos, deseando que sea
mi nombre, a la brisa que tiene la suerte de rozar tus labios.
Las lágrimas que has derramado y que quisiera borrar.
Las miles de carcajadas inspiradas en las tragedias que callas,
los deseos que reprimes las veces que suspiras.
Las canciones que cantas y llevas cerca de tu corazón,
los versos que aún no has escrito y que otros te compondrán.
A todas esas noches de desvelo aferrándote a la nada,
al vacío que se refleja en tus párpados.
En nombre de ese silencio que gritas
y lo que no deseas escuchar porque lastima.
Los rostros que no reconoces y los que has decidido olvidar.
A nombre de todas tus memorias y la amnesia,
que por decisión padeces,
porque ya nada tiene sentido.
Todo visto desde la perspectiva de lo imposible.

Juegos de azar

Me atrevo a apostar cada latido
 que al cerrar tus ojos lo que escuchas es tu nombre en mis labios.
Que los versos que tarareas al caminar llevan mi melodía
y tus pasos van a la par con las huellas que dejé
por el camino que ahora has decidido recorrer.
¿Te parece un poco pretencioso?
Puede ser…
Aún así quiero que sepas,
sítú,
que estos ojos solo ven tus sombras,
que todo me sabe a ti,
que tu aroma me persigue por todos lados
y te siento cerca cuando más lejos estás.
Que no puedo evitar cantar cada canción sustituyendo verbos por tu nom-
bre,
y que al pasar cada minuto todo
va más l e n t o
si no estás aquí.
Es una lástima que esto quedara aquí,
entre lápiz y papel,
entre el fuego y las cenizas
que ahora se encargan de guardar el secreto.
Pero de todos modos, tú,
sí TÚ,
quiero que sepas que tarde o temprano
mi pecho va a reventar.
Para todos,
para nadie...
en fin, para ti.

¼

Si yo hubiera sabido la mitad de lo que sé ahora hace años..
De todos modos me hubiera bebido todas esas cerveza y tragos,
hubiera bailado hasta que no aguantara más los pies.

Hubiera llegado a casa casi a las seis de la mañana
por tapones raros después de bajar de un jangueo,
me hubiera inventado más y mejores excusas para mami
cuando me pasaba de hora,
me atrevería a decirle en la cara a un par de personas que no valen nada.
Amaría con la misma o mayor intensidad que hoy,
me importaría mucho menos lo que piensen de mí,
diría por favor y gracias más a menudo.
Cantaría más canciones de amor,
cantaría más canciones de despecho,
cantaría más canciones alegres,
cantaría más canciones de underground.
Me reiría más,
lloraría menos,
pensaría que esto no se acaba...
Más bien comienza.
Pero qué sabía yo que esto sería así...
De todos modos no lo cambio por nada.
Buenos tiempos, los malos y los peores.
A ninguna de mis almas gemelas.
Asé.

En un viaje

Son las 12:55 de la madrugada y la sobriedad es mi peor enemiga.
Peor aún, el estar consciente es lo que corroe mis entrañas.
Esta maldita mordaza que no me permite respirar bien,
Y ya no sé qué pensar o cómo funcionar.
Sentir está destruyéndome l e n t a m e n t e,
Sentir hace que pierda poco a poco la cordura...
Aunque creo que esta se fue de mí hace años.
El fingir diversos estados de ánimo para poder hacerme creer que estoy
libre podría un día de estos, no muy lejano terminar con todo.
Me explico...
Ciertas cosas fuera de su contexto tienen tanto sentido,
aun cuando los demás no lo vean así.
Cuando nos damos cuenta nos desbarata lentamente.
Cuánto daría porque la razón también me abandone de una vez y por to-
das. Me estoy perdiendo en el vacío.
O tal vez el vacío se perdió en mí.

Que se joda

Tengo mil cosas que decir y no sé cómo,
no puedo.
Prefiero dejar que mi pecho reviente sobre el pavimento antes de contarte.
Hablarlo lo hace real y no quiero que lo sea.
Deja que piense que todo está en mi mente,
que me imagino las cosas, que nada ha pasado,
que es todo un sueño...
Aunque ya no sepa que es soñar.
Soñar hace que tengas ilusiones, cosas que quieres que se vuelvan real y
ya hablamos de mantenerlo todo como parte de mi imaginación.
Como siempre, yo todo me lo inventé.
Prefiero conversar con las sombras.

Gracias

Ya no importan los mensajes sin sentimientos y esas llamadas vacías.
En ese espacio donde te guardé
solo quedan recuerdos de lo que NUNCA fuiste,
de lo que te di y
de lo que JAMÁS será tuyo.
Deja que la noche tenga vida nuevamente
y cante nuevas canciones a ese amanecer que siempre
espera con ansias al sol que, esta vez, NO sale por ti.

Ahógate en tus "perdón".

Ya es rutina

Pasaban los minutos, las horas...
Se acercó a su oído y le preguntó si estaba bien,
entre pedazos de la canción que le susurraba.
El fuerte olor a ron la golpea, podía sentirlo en su boca esta vez.
Su cuerpo entumecido por el alcohol solo cuenta con el apoyo de esas manos
que exploraban su cuerpo,
recorriendo cada rincón de ese nuevo territorio que ha decidió conquistar.
Era una noche más, al son del placer y las ganas,
donde el baile era solo el comienzo del ritual.
Noches de conquista en una barra cualquiera,
alimentando los deseos del subconsciente,
buscando sentir otro cuerpo,
aunque sea solo por un segundo.
...
Mila, que esta vida nos va a matar.

Sociofobia

Dejemos a un lado el discurso plagado de soledad
que nos memorizamos.
Por si acaso, tal vez o por si las dudas nos faltaba la respiración.
Esta vez, ¡qué es en serio te digo!
Es la última vez que de mis labios sale una súplica,
porque simplemente me cansé de vivir de falsas esperanzas
 o de esos tal vez, por si acaso o por si las dudas
que empapan tu almohada en las noches y qué,
dices tú, son a mi nombre.
No entiendo esa necesidad de tragarte todo a tu paso
y vomitar versos baratos tratando de seducir
TU ego…
y mi psique.

¿Satisfechos?

Ausencia

Aprendemos a olvidar recuerdos inexistentes
y detalles con ambigüedad.
Suprimir memorias que acortan nuestra respiración,
que nos nublan la vista y provocan convulsiones.
…y la locura, de manera sutil, inunda lagunas intencionalmente creadas
haciéndome incapaz de recordar.
Lapsos en blanco que terminan en ti, en horas y días.
En labios y besos, aún inexplicables.

Microsegundos tangibles

¿Qué te cuesta dejarme estos ratitos a mí?
Esos días que al abrir los ojos no pienso que va hacer otro más,
donde es mejor volverme a dormir
porque la verdad es que no quiero bregar con la situación.
Hoy no…
Pero es mucho pedir, o eso parece.
El concepto de espacio es ignorado diariamente a quienes tratas de emitir
un mensaje. ¡Puñeta que hoy no!
¿Qué parte no comprendes?
Se odia con la misma intensidad que se puede llegar a amar.
No importa cuánta paciencia posees, tienes un límite.
Yo no soy payasa, no soy un juguete, yo sangro al igual que tú…
aunque aparente lo contrario.
Este es mi límite.

Perpetuando tragedias

Tal vez llegamos a conclusiones ficticias solo para tener
una mera justificación a nuestra cobardía.
Nos llenamos la boca de mierda día y noche,
revolcamos el vacío que nos corroe
y al final, ¿qué nos queda?
Maldiciones…
Con nombres y apellidos…
Caras que preferimos desfigurar para poder olvidar
y seguir nuestro camino en vano.
Puede que esto no tenga el más mínimo sentido
y que con estas líneas solo pretenda justificar
que me llené la boca y las manos de sombras
que hoy hacen su misión de acabar con mis entrañas y
que cada puñalada recibida sea con el propósito de
tatuar en mi cuerpo memorias inexistentes.
Te permití apropiarte de algo que no poseo,
que no me pertenece,
que olvide cómo pronunciar.
A ti, abismo, te entrego mis ojos,
mi yo,
y mi subconsciente plagado de malas noches y alcohol barato…
Sedienta de una sola caricia.
Estás a tiempo todavía...
Palpita, qué mierda, por qué no te moriste de una vez años atrás.

29

Me temo que la inseguridad, misantropía y altanería
han corroído mis huesos a tal grado que ya
no veo la diferencia entre lo absurdo y lo real.
Mientras vomito líneas que carecen de sentido porque,
a pesar de los miles de intentos, (—todos fallidos(—
no he conseguido alcanzar ese nivel de apatía que todos anhelamos.
Es por eso que pretendo desintoxicarme.
Sangrar el veneno que se aloja en lo profundo de la memoria
y que cada segundo que pasa se continúa esparciendo dentro de mí.
Siento los alfileres enterrándose en mi piel,
más me niego a quejarme del dolor.
Sé que esto no acabará con mi agonía y que,
contrario a lo que piensan,
disfruto de esta angustia y placer…

Placer vacío que inunda mi cuerpo
construyendo murallas a su alrededor
para que el sinfín de emociones
no puedan hacer de las suyas, no esta vez.
Ya han perdido muchos soldados en la batalla,
y no pueden darse el lujo de perder esta guerra.
Pretendo muchas cosas en realidad,
ahora que lo pienso.

I am Venus, I am earth

As I lay near the shore of your restless waters,
I take off my shoes to test the temperature.
I stop to think and hesitate,
unsure of how strong your currents might be.
I begin to walk slowly further into your darkness,
trying to see if I could tame it.
The constant struggle,
the wildness that surrounds you,
won't allow me to set foot deeper into the abyss.
I swim back and forth to the exact same point.
That place where I feel a pull so strong I can't move another
inch. That spot where you swirl around me trying to become
one. Trying to be one enormous body of entanglements, of
rivers and oceans,
of lakes and streams…
Dreaming you are more than just a lake.
There is nowhere else to go,
you are there, still waters, trying to enchant me
but unable to move.
I swim back to shore and lay next to you.
I see my reflection merging with the full moon.
I can see more than still water in you,
Much more than a mere lake with nowhere to go,
but you remain in place.
I can see you making waves across endless
shores, waves so big you can swallow the
universe.
Scattered waves crashing into me,
refreshing my many paths.
You are more than still water in me.

Oda a la serpiente

Entre remedios y remordimientos,
continúo alimentando el alma a sorbos y sustentándome solo de
condiciones e
incondicionalmente hablándole a los orgasmos reprimidos que sucumben
bajo mis almohadas. Atragantándome en la marejada de tus "maybe"
con el in ter mi ten te alardeo a espaldas de mis "who knows…"
otra vez cambiamos el libreto
y ensayamos los espasmos
que nuestras lenguas calcularon fríamente mientras dormíamos.
No hay disimulo que valga en este encuentro,
Y ¿pa' qué cargar con la lujuria que me quema las venas?
Sin pedirte perdón despierto bañada en tu voz,
mientras juego a pretender,
junto con el viento,
que no hay un recoveco en este planeta donde no deje tu nombre en
tinta,
sangre
y papel para que la tierra nunca olvide,
you're next.

Hace frío

Por un momento decidí cerrar los ojos y echarme a volar.
Temo quedarme atrapada en el vacío
y siento que se me acorta la respiración.
Grito tu nombre, una y mil veces,
de maneras distintas…
Tu recuerdo se deshace entre mis pechos
y ya cansada de empuñar este lápiz me desangro en el papel.
Por más que intento olvidar no lo consigo,
recuerdo tu nombre,
tu olor, tu mirada, tu sabor
y me da asco. Me doy asco…
Quisiera pretender que nunca fuiste y
que eres la pesadilla con la que intento acabar cada noche.
Ese monstruo bajo mi cama del que de niña huía,
pero logró alcanzarme.

Ni esperar funciona.

Bastante irrelevantes las últimas interacciones tenidas
basadas en mera especulación referente al
Por qué, cuándo, dónde y cómo de nuestras vidas;
presentes, pasadas y futuras.
Nos regodeamos en el intentar,
el pertenecer
y el dudar de las posibilidades tangibles que creamos
un sinfín de imposibles para resguardarnos de inminentes amenazas;
según interpretadas por nuestra psique,
al momento de poner en marcha el tan conocido ritual y danza
rutinaria.
Creo que es un poco más de lo mismo,
y de lo mismo un poco más y me canso.
El carecer de las descripciones correctas para interpretar
e internalizar cada ínfimo detalle en concreto
hace que seamos incapaces de poder formular hipótesis relevantes
y continuemos sumergiéndonos en aguas turbias…
¿por qué nos es más placentero? tal vez.
Podemos intentar dejar de pertenecer,
tratar de encontrar relevancia a las acciones tomadas
y las que quisiéramos poder tomar,
 solo porque sí o solo por tener una razón
para poder coexistir con nuestro alrededor.
La realidad es que continuamos fallando en cada intento,
por voluntad propia.
Porque no pertenecemos.
Puede que, al generalizar este cometiendo un error craso, puede que deba
redactar nuevamente
todo lo antes expuesto de manera singular,
tratando de no justificar acciones que no me corresponden
o simplemente tratando de buscar una posible contestación
a una amalgama de interrogantes
que aún quedan en el aire.
Que sea yo quien no pertenece,
que está fuera de lugar,
quien deba cesar y desistir,

entregar armas…

1,000 cosas que decir y sin voz

Prefiero que la tinta sea mi cómplice esta vez,
aún cuando termine siendo esclava de estas palabras.
Si pudiera, si me dejaras, sanaría esas heridas que hay en tu corazón. Acabaría con los demonios que te atormentan.
Sería esa luz que guíe tus pasos
en momentos de incertidumbre y desconcierto.
Ese calor en las noches frías...
Quien dibuje en ti una sonrisa
cuando solo piensas que encontrarás tristeza y amargura.
Ser responsable de que tu llanto sea solo de felicidad.
Una razón para abrir los ojos cada mañana
y suspirar.

Definición

Me conformo con saber que ya no eres arquetipo.
Ente de discordia entre constantes.
Sigues, seguirás, persistes en ser…
y nunca desaparecer del plano de incertidumbre
en el que continuamente nos desplazamos,
bailando al ritmo de cada enlace,
causando fricción entre espectadores que
imaginan la destrucción en masa de cada átomo culpable
de esta interacción.
Pero seguimos…
Así que procuro no susurrar tu nombre, solo respiro por costumbre.
No pensarte en voz alta.
Ahora borro cada momento que inunda mis memorias haciendo referencia
a ti. Deja que ganen, por esta vez.

2/14/2999

Despierta construyo fantasías donde, al final, no tengo que estar sin ti.
Donde me levanto y tus ojos se encuentran con los míos,
tus labios hacen de mi boca su hogar,
tus manos se refugian en mi cuerpo y sonríes…
La pesadilla de saber que es solo ficción,
un oasis que construí en medio del desierto de mi consciente.
Inconsciente.
Empeñado en alimentarse de lo inexistente.
Puede que, de vez en cuando, despierte y me dé cuenta de mi error…
Aun así continuo con mi historia.
Donde al final del día duermo sin ti,
y despierto sin ti.

Paralelismo

¿Que tal vez no es real?
El universo paralelo que creamos para alejarnos
de lo que se entiende como 'normal'
dentro de un universo donde
la norma se ha convertido en soplarle un par de tiros a cualquiera.
Quien sea y por lo que sea.
¿Por qué no puede ser?
¿Por qué somos irreales dentro del consciente de los otros?
Tan irreales que se comenta y atormentan, o algo parecido,
pero, tan real es nuestra inexistencia
que el solo roce de nuestra dermis crea una (re)acción en cadena
ocasionando que se dilaten nuestras pupilas
reafirmándonos que, en efecto, sentimos y somos.
La irrealidad de nuestra inexistencia peligra…
Es tanta la presión del no ser,
que ya nuestra realidad se ha comenzado a infiltrar en nuestra memoria.
Se han desfigurado los personajes y se ven forzados a retirarse,
a transformarse en monstruos dispuestos a acabar con todo lo que
construimos.
Hemos luchado por coexistir hasta el cansancio.
Pero al final, ¿es la realidad la ganadora?
que nuestra irrealidad, algo egoísta y aterradora,
se desvanecerá en nuestras manos.
¿O seguiremos luchando por ser?

Monólogo

"Tan solo quiero la imposibilidad tan obvia de quererte..."
De escribir esos versos que escupiste de tu boca
y borrar toda historia saturada de lágrimas que
no es la nuestra…
La que dejaste tendida al sol buscando refugio de tus miedos,
que tarde o temprano te verían sonreír nuevamente.
Historia como la que quemamos y tiramos al viento,
que regresara a incrustarse en nuestra piel para que no se nos olvide.
Ni la dejemos en la próxima barra de la esquina.
Si al final del camino te sobran las palabras,
te inundan las ganas,
corroe la ira
y te ciega la apatía…
Si al abrir los ojos solo deseas que tu mente se quede en blanco,
que las sombras de los vagos recuerdos no habiten en tu memoria, que
aromas y sabores ya no sean reconocidos,
que el viento cambie de dirección,
que la lluvia ahogue tu voz,
que naufraguen las imágenes y todo lo tuyo que poseyó…
que desaparezcas y desapareces.
Y que entiendas que dueles
y que duele la distancia entre tu cuerpo y sus manos,
Entre su respiración y tú.

Sin título

Es más que balbucear verso tras verso y rimas sin sentido.
Es mucho más que leer entre líneas y no recibir esa respuesta que anhelas.
es más que descifrar lo que quieres que otros entiendan
sin tener que gritarlo una y otra vez,
para que escuchen lo sencillo del mensaje.
Es saber que vale la pena porque
es más que una letra perfectamente acomodada detrás de otra,
si todo ya está acomodado de manera imperfecta en tu mente…

Pero te hace sentido y por eso sonríes.
Que nunca nadie te quite lo que te pertenece.
Todo aquello que te haga SER,
reír, respirar, llorar y gritar.
Viento, calma, lluvia, refugio, tormenta, ráfaga, relámpago
 rayo de luz, mis ojos, día y noche.
Eres más que una estrella y su luna mientras alumbran entre tinieblas.
Eres TÚ.
Y siempre serás eterno ante mis ojos.

Cotidiano

El fuerte olor a ron y nicotina era asfixiante.
Tenía a ese hombre demasiado cerca
y sentía su áspera y fuerte mano rodeándole el cuello
mientras con la otra recorría su espalda,
deteniéndose en su cintura.
Un fuerte jalón
y se encontraban pecho con pecho,
el mismo vaivén.
No recuerda la última vez que había sentido
el roce de una barba junto a su cara,
se había acostumbrado a la delicadeza de otros cuerpos.
Él se acercó a su oído y le preguntó si se encontraba bien,
entre fragmentos de la canción que le susurraba.

Nuevamente el fuerte olor a ron la golpea,
esta vez puede sentirlo en su boca y
en cómo se deslizaba por su garganta.
Le contestó que sí a su pregunta
mientras él se acercaba despacio a su cuello.
El sentir el calor de su aliento tan próximo la hacía perder la noción del
tiempo.
Pasaron minutos, horas…
Y sus cuerpos entumecidos por el alcohol
solo cuentan con el apoyo de esas manos
que continúan su exploración,
reconociendo cada rincón de ese nuevo territorio
que ha decidido esta noche conquistar.
Era una noche más,
resonandodel placer y las ganas.
Donde el baile era solo un ritual.
Noches de conquista en una barra cualquiera
alimentando los deseos del subconsciente,
buscando sentir otro cuerpo,
aunque sea tan solo por un segundo.

Suspiro

Y se piensa que el alma trascenderá…

¿Qué tal si la destruyo con lágrimas
antes que la desmorones con vanas promesas?
Son tan pocas las veces que deseo traducir mis sollozos
a versos sin sentido
porque sé que no entenderán que grito,
y se hacen los sordos con tal de salir de esta trifulca
con las manos limpias.
Porque vivo para desangrarme
entre las páginas en blanco
de esta libreta hasta enmudecer.

Qué pa' luego es tarde

Quiero que conmigo dejes de correr.
Que me quieras con cada puesta del
sol, me desees al amanecer.
Tu piel, mía.
Tuya, entre gemidos.
Sin que los rayos de la luna
interrumpan, o el sol seque las ganas.
Inmóvil.
Incapaces.
Inconscientes.
Solo un palpitar,
solo una respiración,
miradas fijas, seguras, incrédulas,
con MIEDO.
Con coraje.
Agárrate a mi costado.
Ahora es bueno.

Es ahora...

O nunca.

Autorretrato irreal de una verdad inexistente

No me pienses con esta cara disfrazada,
deambulando entre un mar de incertidumbre
y alimentándose de las curvas que encuentra en su camino.
Más de un viajante puede hacer largos relatos
de lo que ocurrió entre sábanas y gemidos
que rompieron lo monótono del silencio ensordecedor de estos pasillos,
pero pocos se llenan la boca de tan amargos recuerdos.
No es algo de lo que haya que sentir orgullo.
Te cuento que una de tantas noches soñé
con borrar todo rastro de mi existencia,
por eso de que decidan tratar de hacerme entrar en razón.
Es que mis recuerdos tampoco se detienen y corroen
lentamente mi sanidad.
Aquel que piense que es fácil relatar su agonía se equivoca…
puesplasmar como poco a poco pierdes tus sentidos
no es tarea de persona cuerda.
Pero, ¿qué te contaba?
Ah sí…
Eran viajantes de todos lados,
solo pasaban a descansar y divertirse, como todos.
Llegaban a tomar lo que no les pertenecía
y luego dejarlo olvidado en un rincón,
eso suele pasar un centenar de veces en estos pasillos.
¿Pero qué viajante quiere regresar con bagaje adicional a su destino final?
¿los culpas?
Ya aquí eso es rutina querida…
Ya te acostumbraras.

Desde ahora te aconsejo que mires por última vez
el rostro con el que llegaste,
de ahora en adelante sus deseos serán poesía para tus oídos
y el reloj no da la hora.
Derrama las últimas lágrimas si deseas,
todas lo hemos hecho así,
solo te quedan cinco minutos más.
Paciencia…

Y ahora sonríe.

En el boquete

Recuerdo cómo se siente morir en cada intento de respirar.
De qué manera te roban el aliento
y destrozan cualquier rastro de inocencia que queda aún palpable.
Luego, todo se volvió frío y estático.
No había acción-reacción y te vuelves un inútil ente
divagando entre planos irreales,
tratando de buscar significado
a todo aquello que a tus manos ha de llegar.
Todo se vuelve frustración, duda, titubeos...
no confías ni en la sombra que te acompaña
y piensas que confabula con tu almohada para acabar contigo.

Nuevas criaturas aparecen y se presentan limpias y sinceras.
La imposibilidad de generar nuevos lazos
sin pensar que se quieren apoderar de algo, es improbable.
Seguramente andas vigilante a tu alrededor,
por precaución,
o ¿miedo?
de tal vez a despertar esos monstruos que dormitan dentro de ti.
Se me han derramado las excusas entre los
dedos.
Ya no hay porque,
como siempre
o eternidad que valga la pena,
si estaremos siempre con interrogantes entre los labios.
Dejemos de esperar que la luna, el mar y el amanecer converjan
y limpien de todo mal entendido
algo que ya ni tiene arreglo.
Déjame ir de una vez.
Déjame abrir los ojos y volver a ser...
Se siente eterno el espacio entre ambiguos suspiros
dejados en la almohada.

110512

No soy dueña de grandes poemas jamás escritos,
o de melodías nunca antes escuchadas.
Tampoco me pertenece la infinidad de las estrellas,
ni la destrucción de inevitables tempestades.
No poseo manera de saber con certeza lo que piensas,
o de cómo poder salir de entre las sombras.

A escondidas maldices la existencia de tanta incertidumbre
y la impotencia de sentir tus manos
eternamente atadas a tu espalda.
 Al final de cada abrazo
regresa la sensación de caos
y el abismo entre los cuerpos se vuelve tangible…
Mientras sientes cómo te vas perdiendo entre cada latido,
y todo a tu alrededor se nubla
sin tú poder explicar coherentemente
el porqué continuamente entrelazamos
nuestros dedos como, si tan solo pensarlo, fuera capaz de saciar la sed
que tanta soledad causa.
Pero son tus labios los que antagonizan mi pena.
Los que con cada roce queman lo impuro de esta piel
agotando
átomos de oxígeno.
Y con tanto humo
es imposible sobrevivir…

Constantemiedoconstante

Vivo en esta dimensión paralela a un universo infinito,
donde todo lo que pienso, escribo y digo
se vuelve realidad.
Donde se desatan las peores catástrofes y fenómenos naturales.
Donde mi saliva sirve para cauterizar heridas dejadas por las guerras
internas
que nunca acaban.
Donde se pagan alimentos con besos,
abrazos y canciones,
y un dólar te sirve para dejar notas de
amor a tus enemigos.
Se vive sin prisa, con pausa y júbilo.
Todos los androides han sido desactivados.
Los árboles y sus frutos alimentan las masas
que se reúnen en las plazas
a danzar en nombre de los dioses,
celebrando otro día,
otra noche,
otro atardecer rodeados de prosperidad.
Cada desplazamiento del cuerpo;
alto, bajo, delgado, obeso;
es visto como un regocijo,
cada puesta del sol
y cada amanecer
es un tributo.
Cada abrir y cerrar de ojos es una celebración más,
infinita y recurrente en esta dimensión.
Me gusta permanecer largos periodos de tiempo en ella.
Donde soy una desconocida
entre caras familiares.
Totalmente inexistente,
una paranoia irreal.

Pero, what the fuck?

Como justificación para deshacerme de uno que otro imposible,
siempre menciono que existes.
I can't!
que la raíz de tus vértebras aún crecen dentro de mi vientre,
como la canción de tus suspiros vibra en mis oídos,
el sinsabor de tu boca se retuerce en mi lengua.

Oh well…
Me parece un poco más sensato que acabe con esta historia tan predecible.
Tengo algunas ideas de cómo alterar tu subconsciente
de manera eficiente y eficaz,
con el propósito de solo sabotear lo que alegas desconoces.
De todos modos, consumirme en el pensamiento del mero intento
me parece algo innecesario.
(Inversión de tiempo muerto en constantes invariables)
Y si de jugar se trata esto, entre intervalos de incoherencia
te inyectaré un poco de veneno…
O maybe te mato a besos con sabor a chocolate.
Yo no sé dónde está escrito que estas espinas
debían cubrir mi cuerpo
para poder aprender a sangrar de nuevo.

Just saying.

Me parece una justificación a tu cobardía un poco shady.

2/16/2983

To live violently through unfamiliar faces, smearing memories all over the floor and trying to relive small details of unknown history.
Strange sounds whispering the end of uncertainty and molding creating new paths from the ashes
left behind. They cleared the way for us but made it impossible to eradicate the infestation. As we try to shed our skin, we kept breaking into uneven pieces and becoming one with the rest of the debris. It might not be too late and we had nothing else to fight for. But we craved simplicity, like your hand against my chest, in a transmission of raw energy and essence. Far from being rational, we intend to go on quests to take over time and space, ripping apart the universe at the seam.
It is written that these harmonious bodies will initiate the transmutation and engulf every last drop of light provided to them.
Turning away into infinite bliss.

03112013

Como siempre suele suceder al final de cada tormenta, el silencio inunda
la ciudad. El vaivén de los árboles ha llegado a su fin,
el amanecer ya no importa,
no cambiará nada,
no hará gran diferencia...
Todo ha sido derrumbado al compás de marejadas y al son de ráfagas del
viento.
Solo quedan escombros de intentos,
ideas de afinidad infinita que desaparecen junto con tu voz.
Ante los estragos no hay más que suspirar
y continuar por el mismo sendero.
"Más adelante será mejor", repites una y otra vez
sin perder el ritmo de tus pasos.
"Más adelante volveré a respirar", mientras cambias de colores.
De rosa a violeta a negro...
todo se vuelve oscuridad nuevamente.
Si algo he de agradecerte en la vida
son las cicatrices que aún hoy sangran esta poesía.
Las rimas saturadas de amargura y desesperación.
La belleza que solo del dolor se alimenta.

Agonía

All I can see now are shades of red.
Unable to speak.
Unable to move.
I gasp as I clench my fists and I hide under layers of green. I keep my words hidden under my tongue while I collect what's left of me...
Shattered and exposed.
No time to fight, flight, or freeze,
I flirt with the idea of becoming one with the void and
dissolve. Detaching feelings and emotions from self.
Negotiating with the constant lack of safety they allow this body to have.

El whiskey nuestro de cada día

Se va dispersando la neblina que por meses cubrió la ciudad.
Muchos se refugiaron bajo sus sábanas,
otros continuaban su rutina.
El resto, al igual que yo, decidió buscar refugio en la barra más cercana
al puente principal.
La única entrada y salida de esta insípida y mundana ciudad.
Nos observábamos unos a los otros
a ver,
quién era el primer cobarde que huía de tan sombría situación.
No te niego que, en varias ocasiones, me vi tentada a correr.
Ni siquiera pensé en montarme en el auto, solo era salir corriendo whiskey
en mano,
atravesar el puente y no dar marcha atrás,
ni tan siquiera para dar un último vistazo
a lo que fue mi prisión por tantas lunas.
Pero siempre me detenía al llegar frente a la puerta.
Mis piernas se volvían pesadas y cada paso que daba
retumbaba por todo el lugar.
Respiraba profundo y dejaba una lágrima correr por mi mejilla.
Daba media vuelta y pedía otro whiskey: "esta vez que sea doble, por
favor".

Princess

As if you never dreamt of it.
Never Ending fairytale,
bound and gagged,
blurred vision,
trying to catch your breath...
As if you could get any closer to the EDGE,
to that high you never thought of reaching before.
That peak...
The dream of floating on cloud nine,
bound and gagged,
breathless...
Crown in place.

Santa Muerte

Siento incertidumbre en intervalos e incrementos.
En verdá, es dependiendo de mi nivel de disociación,
al momento del enfrentamiento con los demonios y fantasmas de mis
estándares inalcanzables.
Que ya dejé de creer en mí
y en ti
y en los demás…
Porque a la hora de la verdá y entre ráfagas
y réplica tras réplica se les ha podrido la lengua.
Que ya se nos acaba el tiempo y seguimos dormidos en hamacas bajo
palmares
mientras la orilla se lleva los sueños que
les dejé antes de mi travesía.

Born in Fajardo Puerto Rico in 1983, Natalia is a Virgo, Queer, Femme Afro-Caribbean and intersectional feminist, Participated in Future Now project (http://metropolarity. net) and read her poetry at Noche de Hueso a the Libros AC bookstore in Santurce, PR, En Comunidad: Works by Queer and Trans Latinx Contemporary Artists exhibit and had her poetry exhibited in The Black QT artistic body at Fox Art in Philadelphia, PA.

Natalia was the co-curator for Equinox exhibition in 2017 and QT Noir Festival of #TillArtsProject in Philadelphia, PA in 2019. She was also published in the anthology *Puerto Rico en mi Corazón* in 2019. Believes in the transformative and healing power the community has and how important it is to preserve oral and written stories and traditions.

www.ingramcontent.com/pod-product-compliance
Lightning Source LLC
Chambersburg PA
CBHW071243090426
42736CB00014B/3195